o
inferno
musical

o
inferno
musical

ALEJANDRA PIZARNIK

Tradução **Davis Diniz**

/re.li.cá.rio/

APRESENTAÇÃO

Infernos de Alejandra, onde o silêncio engendra fogo

por **Laura Erber**

O poeta não teme o nada.

María Zambrano

O silêncio se propaga, o silêncio é fogo.

Alejandra Pizarnik

Este é o último livro de poemas concebido por Alejandra Pizarnik em vida. Um livro repleto de silêncios, fogos e lilases. Os livros posteriores da escritora são fruto de projetos editoriais idealizados por terceiros. Para uma autora siderada pela morte como matéria de poesia, e cujo suicídio marcou tão intensamente a recepção de sua obra, o último livro torna-se também uma experiência desafiadora. Estamos diante do momento criativo e, mais que isso, autoral que antecedeu sua morte. Momento que coincide com um ponto culminante da sua poética, que vai do verso breve em direção a uma afirmação da frase musical, e, por fim, de uma estética do fragmento. De que maneira a sua literatura se desdobraria para além dessa descida ao inferno musical, nunca teremos como saber com precisão, mas este livro mostra a tenacidade com que Pizarnik enfrentava a poesia e seus efeitos sobre quem escreve, como um tipo de enigma vital.

O inferno musical explora o caráter terminal e ao mesmo tempo inaugural da língua poética, colocando o poema em ponto de ruptura e o sujeito em posição de extravio regenerador. Aqui, acompanhamos Pizarnik que entra no paradoxo da musicalidade mortífera e fértil de uma voz.

Talvez, para conjurar a "vertigem de morte iminente" e a sensação de não aderência do eu às palavras que assina, Pizarnik tenha criado para si uma constelação de nomes que girava em torno de um lugar vazio. O próprio nome Alejandra substitui Flora, que lhe fora dado pelos pais, em ato poético refundador que remeteria mais de uma vez ao seu encantamento diante dos versos alexandrinos, os versos por excelência. Mas também se multiplica em epítetos – a que ama o vento, a pequena morta, a pequena esquecida –, sem nunca chegar a um nome que estabilize o movimento de fuga do "eu".

A espiral literária que soube percorrer produz um saber sobre os limites da poesia (um tipo de lucidez radical, tantas vezes e de tantos modos declarada insuportável), sobre o que pode e o que não pode o poema. Pizarnik construiu para si uma posição paradoxal, colocando-se ao mesmo tempo dentro e fora do que escreve, transformando a embriaguez da possessão inspiradora na vertigem de despossuir-se, uma espécie de martírio de "não ser".

Em uma carta, não datada, enviada de Paris por Pizarnik ao seu então psicanalista, León Ostrov, lemos: "As janelas desta casa têm vidros de cor lilás, mas um lilás tão mágico, tão parecido com belos sonhos, que me pergunto se não vou acabar entrando na casa. Talvez, se eu conseguir entrar, serei recebida por uma voz: 'Estou esperando por você há tanto tempo'. E não terei que procurar mais."

Inquieta o fato de que a poeta considere entrar na casa, ao mesmo tempo em que parece escrever de dentro dela, observando a cor dos vidros das janelas de dentro para fora. Esse tipo de vertigem espacial é característico do mundo que Pizarnik criava com sua escrita, na tensão de jogos incessantes de entradas e saídas de lugares a alcançar sem nunca deles termos saído, em que os espaços internos são contemplados enquanto o mais distante é tocado como se tocasse uma pele, um mundo que ela parece habitar psiquicamente e que será responsável por toda uma arquitetura ainda por estudar. Ainda na mesma carta, ela diz:

> Escrevo meticulosamente meu diário. E envelheço. Tive um aniversário e sonhei que me diziam: "o tempo está passando". Mas não acredito nisso. Quevedo tampouco acreditava: "Olho para o tempo que passa e não acredito" (cito de memória). Minha única oração constante é que minha fé em certos valores espirituais (poesia, pintura) não me abandone. Quando temporariamente

me abandona, vem a loucura, o mundo se esvazia e range como um par de robôs copulando.

Pizarnik viveu a tensão da passagem do moderno ao contemporâneo, repisando os caminhos da modernidade em sua clave melancólica e sombria – ali onde a poesia dos modernos era também romântica e hiper-reflexiva, interrogava os mecanismos de construção de sentido. Bebeu na fonte da lírica extrema, na qual se entrecruzam o lirismo e os problemas da linguagem, o endereçamento lírico como operação que põe em risco o próprio destino de quem escreve, e onde a possibilidade do canto e os limites da voz interrogam-se mutuamente. Assim vai da linguagem à morte e desta novamente ao poema, até não mais voltar. Nesse trabalho incansável de extroversão do nada, busca despojar as palavras até poder tocá-las nuas e cruas. Em movimento inverso, e talvez para desgosto da crítica, Pizarnik nunca deixou de flertar com o universo *kitsch*, chegando à beira do mau gosto, numa saturação dramática e muitas vezes impiedosamente sarcástica que tinha a ver com testar caminhos, outros atalhos na direção do silêncio, mas que também a ajudavam a escapar da falácia da pureza como ornamento.

A lucidez da poeta a obriga a pôr à prova tudo o que escreve – é uma energia que aspira ao absoluto vazio, ao incomparável, ao singular que coincidiria com o mais geral, com um modelo. Tarefa impraticável que sua poesia torna possível por saber que a afirmação positiva das coisas do mundo e da experiência poética precisa coincidir com sua própria negação. Tocar o limite infernal não é acostumar-se com o não, com o nada, ou aceitar naturalmente a morte como finitude, de bom grado, como renúncia ou resiliência. Isso é o que manda o figurino muito contemporâneo das receitas de bem viver. Entrar no inferno e no silêncio é um trabalho que exige energia de imaginação simbólica.

Ao mesmo tempo em que evocava a solidão radical, a poesia de Pizarnik se mantinha em diálogo com outros poetas. Mais que uma dialogia ou mero jogo intertextual, seus poemas testemunham o problema do fascínio pela radicalidade da poesia moderna, notavelmente a francesa. Para apreender as formas de contato que a poeta estabelece seria preciso empreender o projeto de uma arqueologia dos ecos, ser capaz de perceber o trabalho de escuta que ela executa, fazendo de si um espaço de ressonância. É assim que reverberam poemas de Reverdy, Valéry, Quevedo, Breton e, talvez, acima de todos, Lautréamont. Este, mais que os outros, parece acompanhá-la em seu último livro. "E eu só com minhas vozes, e tu, tanto estás do outro lado que te confundo comigo" (p. 65 desta edição).

O inferno musical atesta a última liberação do elo entre as palavras, desatando os laços, explicitando a desconexão entre as palavras e as coisas. Em outro contexto, interrogando a palavra desatada, Maurice Blanchot[1] notava que, assim, desgarradas, tornam-se

---

1 BLANCHOT, Maurice. *A parte do fogo*. Trad. Ana Maria Scherer. Rio de Janeiro: Rocco, 1997. p. 97.

centros de radioatividade, não distantes da magia: "A linguagem nada mais tem a ver com o sujeito: é um objeto que nos leva e que pode nos perder; tem um valor além dos nossos valores. Podemos nos perder numa tempestade ou num pântano de palavras. É a retórica tornada matéria." É no "horizonte de maldoror con su perro" que se movem as palavras soltas de Pizarnik.

Pequena história infernal da escuta

O inferno musical se divide em quatro seções: uma de pressentimentos, outra de possíveis, outra de ausências e a última de possessão. Em *Extração da pedra da loucura*, seu livro imediatamente anterior, há um poema intitulado "As promessas da música" em que ela estabelece uma afinidade explícita entre a música e a morte. Ambas são lugares onde se entra, como se entra num bosque, ou num "jardim recém-criado". A promessa se cumpre como um pressentimento, nos infernos do livro subsequente, onde as palavras parecem ultrapassar o limiar que vinha sendo trabalhado ao longo da obra. Esse inferno começa com figuras do pressentimento, e termina na beleza dos fragmentos em prosa de *Os possuídos entre lilases*. O inferno é também um lugar de perguntas sem respostas que ecoam *ad infinitum*, mas é ali que sente "a luz da linguagem" a cobri-la feito música. Finalmente nada mais copula com nada – as palavras finalmente não fazem amor, fazem ausência, afirmam-se como material verbal fora de órbita.

Um poema nos diz que "alguém canta o lugar em que se forma o silêncio" (p. 53 desta edição), e é impossível saber se isso é uma virtude ou um vício. Em todo caso, perseguir o cerne do silêncio é uma maneira de escapar às promessas de fazer sentido. Pouco a pouco as cores se desprendem, azul e lilases que contrastam com o fogo do silêncio. O ponto extremo dessa trajetória é uma poesia radicalmente lírica, mas endereçada a ninguém; uma linguagem finalmente liberta de suas próprias promessas e do destino, onde fazer amor e fazer sentido já não é mais necessário. Para ouvir o silencio, é preciso possuir um ouvido alexandrino, musical. Se, como escreveu Hölderlin, a poesia é um jogo perigoso, Pizarnik faz dela um jogo perigosamente abstrato, mas também sedutoramente musical, "onde se abre a flor da distância" (p. 71 desta edição) e o silêncio não para de engendrar fogo naqueles que se aproximam de sua poesia.

[Figuras del presentimiento]
[Figuras do pressentimento]

COLD IN HAND BLUES

y qué es lo que vas a decir
voy a decir solamente algo
y qué es lo que vas a hacer
voy a ocultarme en el lenguaje
y por qué
tengo miedo

COLD IN HAND BLUES

e o que é que vais dizer
vou dizer somente algo
e o que é que vais fazer
vou ocultar-me na linguagem
e por quê
tenho medo

PIEDRA FUNDAMENTAL

No puedo hablar con mi voz sino con mis voces.

Sus ojos eran la entrada del templo, para mí, que soy errante, que amo y muero. Y hubiese cantado hasta hacerme una con la noche, hasta deshacerme desnuda en la entrada del tiempo.

Un canto que atravieso como un túnel.

Presencias inquietantes,
 gestos de figuras que se aparecen vivientes por obra de un lenguaje activo que las alude,
 signos que insinúan terrores insolubles.

Una vibración de los cimientos, un trepidar de los fundamentos, drenan y barrenan,
 y he sabido dónde se aposenta aquello tan otro que es yo, que espera que me calle para tomar posesión de mí y drenar y barrenar los cimientos, los fundamentos,
 aquello que me es adverso desde mí, conspira, toma posesión de mi terreno baldío,
 no,
  he de hacer algo,
 no,
  no he de hacer nada,

PEDRA FUNDAMENTAL

Não posso falar com minha voz, senão com minhas vozes.

Seus olhos eram a entrada do templo, para mim, que sou errante, que amo e morro. E se tivesse cantado até fazer-me una com a noite, até desfazer-me nua na entrada do tempo.

Um canto que atravesso como um túnel.

Presenças inquietantes,
gestos de figuras que se mostram viventes por obra de uma linguagem ativa que as alude,
signos que insinuam terrores insolúveis.

Uma vibração dos cimentos, um trepidar dos fundamentos, drenam e perfuram,
e soube onde se assenta aquilo tão outro que é eu, que espera que me cale para tomar posse de mim e drenar e perfurar os cimentos, os fundamentos,
aquilo que me é adverso a partir de mim, conspira, toma posse do meu terreno baldio,
não,
hei de fazer algo,
não,
não hei de fazer nada,

algo en mí no se abandona a la cascada de
cenizas que me arrasa dentro de mí con ella
que es yo, conmigo que soy ella y que soy yo,
indeciblemente distinta de ella.

En el silencio mismo (no el mismo silencio) tragar
noche, una noche inmensa inmersa en el sigilo de
los pasos perdidos.

No puedo hablar para nada decir. Por eso nos
perdemos, yo y el poema, en la tentativa inútil de
transcribir relaciones ardientes.

¿A dónde la conduce esta escritura? A lo negro, a
lo estéril, a lo fragmentado.

Las muñecas desventradas por mis antiguas manos
de muñeca, la desilusión al encontrar pura estopa
(pura estepa tu memoria): el padre, que tuvo que ser
Tiresias, flota en el río. Pero tú, ¿por qué te dejaste
asesinar escuchando cuentos de álamos nevados?

Yo quería que mis dedos de muñeca penetraran
en las teclas. Yo no quería rozar, como una araña,
el teclado. Yo quería hundirme, clavarme, fijarme,
petrificarme. Yo quería entrar en el teclado para
entrar adentro de la música para tener una patria.
Pero la música se movía, se apresuraba. Sólo cuando
un refrán reincidía, alentaba en mí la esperanza de
que se estableciera algo parecido a una estación de

algo em mim não se abandona à cascata de cinzas que me arrasa por dentro de mim com ela que é eu, comigo que sou ela e que sou eu, indizivelmente diversa dela.

No silêncio mesmo (não o mesmo silêncio) tragar a noite, uma noite imensa imersa no sigilo dos passos perdidos.

Não posso falar para nada dizer. Por isso nos perdemos, eu e o poema, na tentativa inútil de transcrever relações ardentes.

Aonde esta escrita a conduz? Ao escuro, ao estéril, ao fragmentado.

As bonecas evisceradas por minhas antigas mãos de boneca, a desilusão ao encontrar pura estopa (pura estepe tua memória): o pai, que teve de ser Tirésias, flutua no rio. Mas tu, por que te deixaste assassinar escutando fábulas de álamos nevados?

Eu queria que meus dedos de boneca penetrassem nas teclas. Eu não queria roçar no teclado como uma aranha. Eu queria afundar-me, cravar-me, fixar-me, petrificar-me. Eu queria entrar no teclado para entrar dentro da música para ter uma pátria. Mas a música se movia, se acelerava. Só quando um refrão se repetia alentava em mim a esperança de que se estabelecesse algo parecido com uma estação de trens, quero dizer:

trenes, quiero decir: un punto de partida firme y seguro; un lugar desde el cual partir, desde el lugar, hacia el lugar, en unión y fusión con el lugar. Pero el refrán era demasiado breve, de modo que yo no podía fundar una estación pues no contaba más que con un tren salido de los rieles que se contorsionaba y se distorsionaba. Entonces abandoné la música y sus traiciones porque la música estaba más arriba o más abajo, pero no en el centro, en el lugar de la fusión y del encuentro. (Tú que fuiste mi única patria ¿en dónde buscarte? Tal vez en este poema que voy escribiendo.)

Una noche en el circo recobré un lenguaje perdido en el momento que los jinetes con antorchas en la mano galopaban en ronda feroz sobre corceles negros. Ni en mis sueños de dicha existirá un coro de ángeles que suministre algo semejante a los sonidos calientes para mi corazón de los cascos contra las arenas.

(*Y me dijo: Escribe; porque estas palabras son fieles y verdaderas.*)

(*Es un hombre o una piedra o un árbol el que va a comenzar el canto...*)

Y era un estremecimiento suavemente trepidante (lo digo para aleccionar a la que extravió en mí su musicalidad y trepida con más disonancia que un

um ponto de partida firme e seguro; um lugar para partir, a partir do lugar, ao encontro do lugar, em união e fusão com o lugar. Mas o refrão era breve demais, de modo que eu não podia fundar uma estação porque não contava mais que com um trem saído dos trilhos e que se contorcia e se distorcia. Então abandonei a música e suas traições porque a música estava mais acima ou mais abaixo, mas não no centro, no lugar da fusão e do encontro. (Tu que foste minha única pátria: onde te procurar? Talvez neste poema que vou escrevendo.)

Uma noite no circo recobrei uma linguagem perdida no momento em que os cavaleiros com tochas na mão galopavam em círculo feroz sobre corcéis negros. Nem em meus sonhos mais felizes existirá um coro de anjos que opere no meu coração algo semelhante aos sons cálidos dos cascos contra os areais.

(E me disse: Escreve; porque estas palavras são fiéis e verdadeiras.)

(É um homem ou uma pedra ou uma árvore o que vai iniciar o canto...)

E era um estremecimento suavemente trepidante (digo isso para orientar aquela que extraviou em mim sua musicalidade e trepida com mais dissonância que

caballo azuzado por una antorcha en las arenas de un país extranjero).

Estaba abrazada al suelo, diciendo un nombre. Creí que me había muerto y que la muerte era decir un nombre sin cesar.

No es esto, tal vez, lo que quiero decir. Este decir y decirse no es grato. No puedo hablar con mi voz sino con mis voces. También este poema es posible que sea una trampa, un escenario más.

Cuando el barco alternó su ritmo y vaciló en el agua violenta, me erguí como la amazona que domina solamente con sus ojos azules al caballo que se encabrita (¿o fue con sus ojos azules?). El agua verde en mi cara, he de beber de ti hasta que la noche se abra. Nadie puede salvarme pues soy invisible aun para mí que me llamo con tu voz. ¿En dónde estoy? Estoy en un jardín.

Hay un jardín.

um cavalo atiçado por uma tocha nos areais de um país estrangeiro).

Estava abraçada à terra, dizendo um nome. Acreditei que havia morrido e que a morte era dizer um nome sem parar.

Não é isto, talvez, o que quero dizer. Este dizer e dizer-se não é grato. Não posso falar com minha voz, senão com minhas vozes. Também é possível que este poema seja uma armadilha, uma trama a mais.

Quando o barco alternou seu ritmo e vacilou na água violenta, eu me ergui como a amazona que domina somente com seus olhos azuis o cavalo que empina (ou foi com seus olhos azuis?). A água verde na minha cara, hei de beber de ti até que a noite se abra. Ninguém pode salvar-me porque sou invisível mesmo para mim que me chamo com tua voz. Onde estou? Estou em um jardim.

Há um jardim.

OJOS PRIMITIVOS

En donde el miedo no cuenta cuentos y poemas, no forma figuras de terror y de gloria.

Vacío gris es mi nombre, mi pronombre.

Conozco la gama de los miedos y ese comenzar a cantar despacito en el desfiladero que reconduce hacia mi desconocida que soy, mi emigrante de sí.

Escribo contra el miedo. Contra el viento con garras que se aloja en mi respiración.

Y cuando por la mañana temes encontrarte muerta (y que no haya más imágenes): el silencio de la compresión, el silencio del mero estar, en esto se van los años, en esto se fue la bella alegría animal.

OLHOS PRIMITIVOS

Onde o medo não conta fábulas e poemas,
não forma figuras de terror e de glória.

Vazio cinza é meu nome, meu pronome.

Conheço a gama dos medos e esse começar a
cantar devagarinho no desfiladeiro que reconduz à
desconhecida minha que sou, minha emigrante de si.

Escrevo contra o medo. Contra o vento com garras
que se aloja em minha respiração.

E quando pela manhã temes encontrar-te
morta (e que não haja mais imagens): o silêncio da
compressão, o silêncio do mero estar, nisto se vão os
anos, nisto se foi a bela alegria animal.

EL INFIERNO MUSICAL

Golpean con soles

Nada se acopla con nada aquí

Y de tanto animal muerto en el cementerio de huesos filosos de mi memoria

Y de tantas monjas como cuervos que se precipitan a hurgar entre mis piernas

La cantidad de fragmentos me desgarra

Impuro diálogo

Un proyectarse desesperado de la materia verbal

Liberada de sí misma

Naufragando en sí misma

O INFERNO MUSICAL

Atacam com sóis

Nada se acopla com nada aqui

E de tanto animal morto no cemitério de
ossos cortantes da minha memória

E de tantas freiras como corvos que se precipitam a
fuçar entre minhas pernas

A quantidade de fragmentos me dilacera

Impuro diálogo

Um projetar-se desesperado da matéria verbal

Liberta de si mesma

Naufragando em si mesma

EL DESEO DE LA PALABRA

La noche, de nuevo la noche, la magistral sapiencia de lo oscuro, el cálido roce de la muerte, un instante de éxtasis para mí, heredera de todo jardín prohibido.

Pasos y voces del lado sombrío del jardín. Risas en el interior de las paredes. No vayas a creer que están vivos. No vayas a creer que no están vivos. En cualquier momento la fisura en la pared y el súbito desbandarse de las niñas que fui.

Caen niñas de papel de variados colores. ¿Hablan los colores? ¿Hablan las imágenes de papel? Solamente hablan las doradas y de esas no hay ninguna por aquí.

Voy entre muros que se acercan, que se juntan. Toda la noche hasta la aurora salmodiaba: *Si no vino es porque no vino*. Pregunto. ¿A quién? Dice que pregunta, quiere saber a quién pregunta. Tu ya no hablas con nadie. Extranjera a muerte está muriéndose. Otro es el lenguaje de los agonizantes.

He malgastado el don de transfigurar a los prohibidos (los siento respirar adentro de las paredes). Imposible narrar mi día, mi vía. Pero contempla absolutamente sola la desnudez de estos muros. Ninguna flor crece ni crecerá del milagro. A pan y agua toda la vida.

O DESEJO DA PALAVRA

A noite, de novo a noite, a magistral sapiência do escuro, o cálido toque da morte, um instante de êxtase para mim, herdeira de todo jardim proibido.

Passos e vozes do lado sombrio do jardim. Risadas no interior das paredes. Não creias que estão vivos. Não creias que não estão vivos. A qualquer momento uma rachadura na parede e o súbito debandar-se das meninas que fui.

Caem meninas de papel de várias cores. Falam as cores? Falam as imagens de papel? Somente falam as douradas e dessas não há nenhuma por aqui.

Avanço por entre muros que se aproximam, que se juntam. Por toda a noite até a aurora entoava: *Se não veio é porque não veio.* Pergunto. A quem? Diz que pergunta, quer saber a quem pergunta. Já não falas com ninguém. Estrangeira para a morte está morrendo. Outra é a linguagem dos agonizantes.

Desperdicei o dom de transfigurar as proibições (posso senti-las respirar dentro das paredes). Impossível narrar meu dia, minha via. Mas contempla absolutamente sozinha a nudez destes muros. Nenhuma flor cresce nem crescerá do milagre. A pão e água por toda a vida.

En la cima de la alegría he declarado acerca de una música jamás oída. ¿Y qué? Ojalá pudiera vivir solamente en éxtasis, haciendo el cuerpo del poema con mi cuerpo, rescatando cada frase con mis días y mis semanas, infundiéndole al poema mi soplo a medida que cada letra de cada palabra haya sido sacrificada en las ceremonias del vivir.

No auge da alegria declarei acerca de uma música jamais ouvida. E daí? Quem me dera viver somente em êxtase, fazendo o corpo do poema com meu corpo, resgatando cada frase com meus dias e minhas semanas, infundindo ao poema meu sopro à medida que cada letra de cada palavra tenha sido sacrificada nas cerimônias do viver.

LA PALABRA DEL DESEO

Esta espectral textura de la oscuridad, esta melodía en los huesos, este soplo de silencios diversos, este ir abajo por abajo, esta galería oscura, oscura, este hundirse sin hundirse.

¿Qué estoy diciendo? Está oscuro y quiero entrar. No sé que más decir. (Yo no quiero decir, yo quiero entrar.) El dolor en los huesos, el lenguaje roto a paladas, poco a poco reconstituir el diagrama de la irrealidad.

Posesiones no tengo (esto es seguro; al fin algo seguro). Luego una melodía. Es una melodía plañidera, una luz lila, una inminencia sin destinatario. Veo la melodía. Presencia de una luz anaranjada. Sin tu mirada no voy a saber vivir, también esto es seguro. Te suscito, te resucito. Y me dijo que saliera al viento y fuera de casa en casa preguntando si estaba.

Paso desnuda con un cirio en la mano, castillo frío, jardín de las delicias. La soledad no es estar parada en el muelle, a la madrugada, mirando el agua con avidez. La soledad es no poder decirla por no poder circundarla por no poder darle un rostro por no poder hacerla sinónimo de un paisaje. La soledad sería esta melodía rota de mis frases.

A PALAVRA DO DESEJO

Esta espectral textura da obscuridade, esta melodia nos ossos, este sopro de silêncios diversos, este vir abaixo por debaixo, esta salão escuro, escuro, este ruir-se sem ruir-se.

O que estou dizendo? Está escuro e quero entrar. Não sei mais o que dizer. (Não quero dizer, quero entrar.) A dor nos ossos, a linguagem partida a pauladas, pouco a pouco reconstruir o diagrama da irrealidade.

Não tenho posses (isto é verdade; algo por fim verdadeiro). Depois uma melodia. É uma melodia carpideira, uma luz lilás, uma iminência sem destinatário. Vejo a melodia. Presença de uma luz alaranjada. Sem o teu olhar não saberei viver, também isto é verdade. Eu te suscito e te ressuscito. E me disse que saísse ao vento e fosse de casa em casa perguntando se estava.

Passo nua com um círio na mão, castelo frio, jardim das delícias. A solidão não é estar parada no cais, pela madrugada, espreitando a água com avidez. A solidão é não poder dizê-la por não poder circundá-la por não poder dar-lhe um rosto por não poder fazê-la sinônimo de uma paisagem. A solidão seria esta melodia quebrada das minhas frases.

NOMBRES Y FIGURAS

La hermosura de la infancia sombría, la tristeza imperdonable entre muñecas, estatuas, cosas mudas, favorables al doble monólogo entre yo y mi antro lujurioso, el tesoro de los piratas enterrado en mi primera persona del singular.

No se espera otra cosa que música y deja, deja que el sufrimiento que vibra en formas traidoras y demasiado bellas llegue al fondo de los fondos.

Hemos intentado hacernos perdonar lo que no hicimos, las ofensas fantásticas, las culpas fantasmas. Por bruma, por nadie, por sombras, hemos expiado.

Lo que quiero es honrar a la poseedora de mi sombra: la que sustrae de la nada nombres y figuras.

NOMES E FIGURAS

A beleza da infância sombria, a tristeza imperdoável entre bonecas, estátuas, coisas mudas, favoráveis ao duplo monólogo entre mim e meu antro luxurioso, o tesouro dos piratas enterrado em minha primeira pessoa do singular.

Não se espera outra coisa senão música e deixa, deixa que o sofrimento que vibra em formas traidoras e belas demais chegue ao fundo dos fundos.

Tentamos nos fazer perdoar o que não fizemos, as ofensas fantásticas, as culpas fantasmas. Por bruma, por ninguém, por sombras, nós expiamos.

O que quero é honrar a possuidora da minha sombra: a que extrai do nada nomes e figuras.

[Las uniones posibles]
[As uniões possíveis]

EN UN EJEMPLAR DE «LES CHANTS DE MALDOROR»

Debajo de mi vestido ardía un campo con flores alegres como los niños de la medianoche.

El soplo de la luz en mis huesos cuando escribo la palabra tierra. Palabra o presencia seguida por animales perfumados; triste como sí misma, hermosa como el suicidio; y que me sobrevuela como una dinastía de soles.

EM UM EXEMPLAR DE «LES CHANTS DE MALDOROR»

Por baixo do meu vestido ardia um campo com flores alegres como as crianças da meia-noite.

O sopro da luz nos meus ossos quando escrevo a palavra terra. Palavra ou presença seguida por animais perfumados; triste como si própria, bela como o suicídio; e que me sobrevoa como uma dinastia de sóis.

SIGNOS

Todo hace el amor con el silencio.

Me habían prometido un silencio como un fuego, una casa de silencio.

De pronto el templo es un circo y la luz un tambor.

SIGNOS

Tudo faz amor com o silêncio.

Haviam me prometido um silêncio como um fogo,
uma casa de silêncio.

De repente o templo é um circo e a luz um tambor.

FUGA EN LILA

Había que escribir sin para qué, sin para quién.

El cuerpo se acuerda de un amor como encender la lámpara.

Si silencio es tentación y promesa.

FUGA EM LILÁS

Deveria escrever sem para quê, sem para quem.

O corpo se lembra de um amor como acender a lâmpada.

Se silêncio é tentação e promessa.

DEL OTRO LADO

Como un reloj de arena cae la música en la música.

Estoy triste en la noche de colmillos de lobo.

Cae la música en la música como mi voz en mis voces.

DO OUTRO LADO

Feito um relógio de areia a música cai na música.

Estou triste na noite de presas de lobo.

A música cai na música como minha voz nas minhas vozes.

LAZO MORTAL

    Palabras emitidas por un pensamiento a modo de tabla del náufrago. Hacer el amor adentro de nuestro abrazo significó una luz negra: la oscuridad se puso a brillar. Era la luz reencontrada, doblemente apagada pero de algún modo más viva que mil soles. El color del mausoleo infantil, el mortuorio color de los detenidos deseos se abrió en la salvaje habitación. El ritmo de los cuerpos ocultaba el vuelo de los cuervos. El ritmo de los cuerpos cavaba un espacio de luz adentro de la luz.

LAÇO MORTAL

Palavras emitidas por um pensamento como tábua de náufrago. Fazer amor dentro de nosso abraço significou uma luz negra: a escuridão passou a brilhar. Era a luz reencontrada, duplamente apagada mas de algum modo mais viva que mil sóis. A cor do mausoléu infantil, a mortuária cor dos desejos contidos se abriu na selvagem habitação. O ritmo dos corpos ocultava o voo dos corvos. O ritmo dos corpos cavava um espaço de luz dentro da luz.

[Figuras de la ausencia]
[Figuras da ausência]

LA PALABRA QUE SANA

Esperando que un mundo sea desenterrado por el lenguaje, alguien canta el lugar en que se forma el silencio. Luego comprobará que no porque se muestre furioso existe el mar, ni tampoco el mundo. Por eso cada palabra dice lo que dice y además más y otra cosa.

A PALAVRA QUE CURA

Esperando que um mundo seja desenterrado pela linguagem, alguém canta o lugar em que se forma o silêncio. Depois comprovará que embora se mostre furioso o mar não existe, nem tampouco o mundo. Por isso cada palavra diz o que diz e aliás mais e outra coisa.

LOS DE LO OCULTO

Para que las palabras no basten es preciso alguna muerte en el corazón.

La luz del lenguaje me cubre como una música, imagen mordida por los perros del desconsuelo, y el invierno sube por mí como la enamorada del muro.

Cuando espero dejar de esperar, sucede tu caída dentro de mí. Ya no soy más que un adentro.

O QUE ESTÁ OCULTO

Para que as palavras não bastem é preciso alguma morte no coração.

A luz da linguagem me cobre como uma música, imagem mordida pelos cães do desconsolo, e o inverno sobe por mim como a hera do muro.

Quando espero deixar de esperar, ocorre tua queda dentro de mim. Já não sou mais que um por dentro.

L'OBSCURITÉ DES EAUX

    Escucho resonar el agua que cae en mi sueño. Las palabras caen como el agua yo caigo. Dibujo en mis ojos la forma de mis ojos, nado en mis aguas, me digo en mis silencios. Toda la noche espero que mi lenguaje logre configurarme. Y pienso en el viento que viene a mí, permanece en mí. Toda la noche he caminado bajo la lluvia desconocida. A mí me han dado un silencio pleno de formas y visiones (dices). Y corres desolada como el único pájaro en el viento.

L'OBSCURITÉ DES EAUX

Escuto ressoar a água que cai em meu sonho.
As palavras caem como a água eu caio. Desenho em
meus olhos a forma de meus olhos, nado em minhas
águas, me narro em meus silêncios. Por toda a noite
espero que minha linguagem consiga configurar-
me. E penso no vento que vem até mim, permanece
em mim. Por toda a noite eu caminhei sob a chuva
desconhecida. Deram-me um silêncio pleno de formas
e visões (dizes). E corres desolada como o único
pássaro ao vento.

GESTO PARA UN OBJETO

En tiempo dormido, un tiempo como un guante sobre un tambor.

Los tres que en mí contienden nos hemos quedado en el móvil punto fijo y no somos ni un es ni un estoy.

Antiguamente mis ojos buscaron refugio en las cosas humilladas, desamparadas, pero en amistad con mis ojos he visto, he visto y no aprobé.

GESTO PARA UM OBJETO

Em tempo adormecido, um tempo como uma luva sobre um tambor.

Os três que em mim contendem nos encontramos no móvel ponto fixo e não somos nem um é nem um estou.

Antigamente meus olhos procuraram refúgio nas coisas humilhadas, desamparadas, mas em amizade com meus olhos eu vi, eu vi e não aprovei.

LA MÁSCARA Y EL POEMA

El espléndido palacio de papel de los peregrinajes infantiles.

A la puesta del sol pondrán a la volatinera en una jaula, la llevarán a un templo ruinoso y la dejarán allí sola.

A MÁSCARA E O POEMA

O esplêndido palácio de papel das peregrinações infantis.

Ao pôr do sol deporão a acrobata em uma gaiola, a levarão a um templo em ruínas e a deixarão ali sozinha.

ENDECHAS

I
    El lenguaje silencioso engendra fuego. El silencio se propaga, el silencio es fuego.

    Era preciso decir acerca del agua o simplemente apenas nombrarla, de modo de atraerse la palabra agua para que apague las llamas del silencio.

    Porque no cantó, su sombra canta. Donde una vez sus ojos hechizaron mi infancia, el silencio al rojo rueda como un sol.

    En el corazón de la palabra lo alcanzaron; y yo no puedo narrar el espacio ausente y azul creado por sus ojos.

II
    Con una esponja húmeda de lluvia gris borraron el ramo de lilas dibujado en su cerebro.

    El signo de su estar es la enlutada escritura de los mensajes que se envía. Ella se prueba en su nuevo lenguaje e indaga el peso del muerto en la balanza de su corazón.

LITANIAS

I
    A linguagem silenciosa engendra fogo. O silêncio se propaga, o silêncio é fogo.

    Era preciso dizer acerca da água ou simplesmente apenas nomeá-la, de modo a atrair a palavra água para que apague as chamas do silêncio.

    Porque não cantou, sua sombra canta. Onde uma vez seus olhos enfeitiçaram minha infância, o silêncio rubro roda como um sol.

    No coração da palavra o alcançaram; e não posso narrar o espaço ausente e azul criado por seus olhos.

II
    Com uma esponja úmida de chuva cinza apagaram a rama de lilás desenhada no seu cérebro.

    O signo de seu estar é a enlutada escrita das mensagens que se envia. Ela se prova em sua nova linguagem e indaga o peso do morto na balança do seu coração.

III
   Y el signo de su estar crea el corazón de la noche.

   Aprisionada: alguna vez se olvidarán las culpas, se emparentarán los vivos y los muertos.

   Aprisionada: no has sabido prever que su final iría a ser la gruta a donde iban los malos en los cuentos para niños.

   Aprisionada: deja que se cante como se pueda y se quiera. Hasta que en la merecida noche se cierna la brusca desocultada. A exceso de sufrimiento exceso de noche y de silencio.

IV
   Las metáforas de asfixia se despojan del sudario, el poema. El terror es nombrado con el modelo delante, a fin de no equivocarse.

V
   Y yo sola con mis voces, y tú, tanto estás del otro lado que te confundo conmigo.

III
    E o signo do seu estar cria o coração da noite.

    Aprisionada: um dia se esquecerão as culpas, serão aparentados os vivos e os mortos.

    Aprisionada: não soubeste prever que teu final seria a caverna para onde iam os malvados nas fábulas infantis.

    Aprisionada: deixa que se cante como se possa e se queira. Até que paire na merecida noite a brusca desocultada. Ao excesso de sofrimento, excesso de noite e de silêncio.

IV
    As metáforas de asfixia se despojam do sudário, o poema. O terror é nomeado com o modelo adiante, afim de não equivocar-se.

V
    E eu só com minhas vozes, e tu, tanto estás do outro lado que te confundo comigo.

A PLENA PÉRDIDA

Los sortilegios emanan del nuevo centro de un poema a nadie dirigido. Hablo con la voz que está detrás de la voz y emito los mágicos sonidos de la endechadora. Una mirada azul aureolaba mi poema. Vida, mi vida, ¿qué has hecho de mi vida?

A PLENA PERDA

Os sortilégios emanam do novo centro de um poema a ninguém destinado. Falo com a voz que está atrás da voz e emito os sons mágicos da cantora. Uma visão azul aureolava meu poema. Vida, minha vida, o que fizeste de minha vida?

[Los poseídos entre lilas]
[Os possuídos entre lilases]

I
— Se abrió la flor de la distancia. Quiero que mires por la ventana y me digas lo que veas, gestos inconclusos, objetos ilusorios, formas fracasadas... Como si te hubieses preparado desde la infancia, acércate a la ventana.

— Un café lleno de sillas vacías, iluminado hasta la exasperación, la noche en forma de ausencia, el cielo como de una materia deteriorada, gotas de agua en una ventana, pasa alguien que no vi nunca, que no veré jamás.

— ¿Qué hice del don de la mirada?

— Una lámpara demasiado intensa, una puerta abierta, alguien fuma en la sombra, el tronco y el follaje de un árbol, un perro se arrastra, una pareja de enamorados se pasea despacio bajo la lluvia, un diario en una zanja, un niño silbando...

— Proseguí.

— (*En tono vengativo*). Una equilibrista enana se echa al hombro una bolsa de huesos y avanza por el alambre con los ojos cerrados.

— ¡No!

I
– A flor da distância se abriu. Quero que olhes pela janela e me digas o que vês, gestos inconclusos, objetos ilusórios, formas fracassadas... Como se te houvesses preparado desde a infância, caminha até a janela.

– Um café cheio de cadeiras vazias, iluminado até o desassossego, a noite em forma de ausência, o céu como de uma matéria deteriorada, gotas de água em uma janela, passa alguém que nunca vi, que não verei jamais...

– O que fiz do dom da observação?

– Uma lâmpada intensa demais, uma porta aberta, alguém fuma na sombra, o tronco e a folhagem de uma árvore, um cão se arrasta, um casal de namorados passeia sem pressa sob a chuva, um jornal em uma vala, um menino assoviando...

– Prossegue.

– (*Em tom vingativo*). Uma anã funâmbula leva ao ombro uma sacola de ossos e avança pela corda bamba com os olhos tapados.

– Não!

— Está desnuda pero lleva sombrero, tiene pelos por todas partes y es de color gris de modo que con sus cabellos rojos parece la chimenea de la escenografía teatral de un teatro para locos. Un gnomo desdentado la persigue mascando las lentejuelas...

— Basta, por favor.

— (*En tono fatigado*). Una mujer grita, un niño llora. Siluetas espían desde sus madrigueras. Ha pasado un transeúnte. Se ha cerrado una puerta.

II
Si viera un perro muerto me moriría de orfandad pensando en las caricias que recibió. Los perros son como la muerte: quieren huesos. Los perros comen huesos. En cuanto a la muerte, sin duda se entretiene tallándolos en forma de lapiceras, cucharitas, de cortapapeles, de tenedores, de ceniceros. Sí, la muerte talla huesos en tanto el silencio es de oro y la palabra de plata. Sí, lo malo de la vida es que no es lo que creemos pero tampoco lo contrario.

Restos. Para nosotros quedan los huesos de los animales y de los hombres. Donde una vez un muchacho y una chica hacían el amor, hay cenizas y manchas de sangre y pedacitos de uñas y rizos púbicos y una vela doblegada que usaron con fines oscuros y manchas de esperma sobre el lodo y cabezas de gallo y una casa derruida dibujada en

– Está nua embora use chapéu, tem pelos por todas as partes e é da cor cinza de modo que com seus cabelos ruivos parece a chaminé da cenografia teatral de um drama para loucos. Um gnomo desdentado a persegue mascando as lantejoulas...

– Já chega, por favor.

– (*Em tom fatigado*). Uma mulher grita, um menino chora. Silhuetas espiam a partir de suas tocas. Passou um transeunte. Foi fechada uma porta.

II
Se visse um cão morto eu morreria de orfandade pensando nas carícias que recebeu. Os cães são como a morte: querem ossos. Os cães comem ossos. E quanto à morte, sem dúvida se entretém entalhando-os em forma de lapiseiras, colherinhas, de corta-papéis, de garfos, de cinzeiros. Sim, a morte entalha ossos enquanto o silêncio é de ouro e a palavra de prata. Sim, o mau da vida é que não é o que cremos, mas tampouco o contrário.

Restos. Para nós restam os ossos dos animais e dos homens. Onde certa vez um rapaz e uma jovem faziam amor há cinzas e manchas de sangue e pedacinhos de unhas e tufos púbicos e uma vela escorrida que usaram com fins obscuros e manchas de esperma sobre o lodo e cabeças de galinha e uma casa em ruínas desenhada no areal e pedaços de papéis

la arena y trozos de papeles perfumados que fueron cartas de amor y la rota bola de vidrio de una vidente y lilas marchitas y cabezas cortadas sobre almohadas como almas impotentes entre los asfódelos y tablas resquebrajadas y zapatos viejos y vestido en el fango y gatos enfermos y ojos incrustados en una mano que se desliza hacia el silencio y manos con sortija y espuma negra que salpica a un espejo que nada refleja y niña que durmiendo asfixia a su paloma preferida y pepitas de oro negro resonantes como gitanos de duelo tocando sus violines a orillas del mar Muerto y un corazón que late para engañar y una rosa que se abre para traicionar y un niño llorando frente a un cuervo que grazna, y la inspiradora se enmascara para ejecutar una melodía que nadie entiende bajo una lluvia que calma mi mal. Nadie nos oye, por eso emitimos ruegos, pero ¡mira! el gitano más joven está decapitando con sus ojos de serrucho a la niña de la paloma.

III

Voces, rumores, sombras, cantos de ahogados: no sé si son signos o una tortura. Alguien demora en el jardín el paso del tiempo. Y las criaturas del otoño abandonadas al silencio.

Yo estaba predestinada a nombrar las cosas con nombres esenciales. Yo ya no existo y lo sé; lo que no sé es qué vive en lugar mío. Pierdo la razón si hablo, pierdo los años si callo. Un viento violento

perfumados que foram cartas de amor e a quebrada
bola de cristal de uma vidente e as lilases murchas
e cabeças cortadas sobre almofadas como almas
impotentes entre os asfódelos e tábuas quebradiças e
sapatos velhos e vestido enlameado e gatos enfermos
e olhos incrustados em uma mão que desliza ao
encontro do silêncio e mãos com anéis e espuma
negra que respinga um espelho que nada reflete e
menina que dormindo asfixia sua pomba preferida
e pepitas de ouro negro estridentes como ciganos
enlutados tocando seus violinos às margens do mar
Morto e um coração que bate para enganar e uma rosa
que se abre para trair e um menino chorando diante
de um corvo que grasna, e a inspiradora se mascara
para executar uma melodia que ninguém entende
debaixo de uma chuva que acalma meu mal. Ninguém
nos ouve, por isso emitimos rogos, mas, veja, o cigano
mais jovem está decapitando com seus olhos de
serrote a menina da pomba.

III
    Vozes, rumores, sombras, cantos de afogados: não
sei se são signos ou uma tortura. Alguém atrasa no
jardim a passagem do tempo. E as criaturas do outono
abandonadas ao silêncio.

    Eu estava predestinada a nomear as coisas com
nomes essenciais. Eu já não existo e disso sei; o que
não sei é o que vive em meu lugar. Perco a razão se
falo, perco os anos se calo. Um vento violento arrasou

arrasó con todo. Y no haber podido hablar por todos aquellos que olvidaron el canto.

IV

Alguna vez, tal vez, encontraremos refugio en la realidad verdadera. Entretanto ¿puedo decir hasta qué punto estoy en contra?

Te hablo de la soledad mortal. Hay cólera en el destino porque se acerca, entre las arenas y las piedras, el lobo gris. ¿Y entonces? Porque romperá todas las puertas, porque sacará afuera a los muertos para que devoren a los vivos, para que sólo haya muertos y los vivos desaparezcan. No tengas miedo del lobo gris. Yo lo nombré para comprobar que existe y porque hay una voluptuosidad inadjetivable en el hecho de comprobar.

Las palabras hubieran podido salvarme, pero estoy demasiado viviente. No, no quiero cantar muerte. Mi muerte... el lobo gris... la matadora que viene de la lejanía... ¿No hay un alma viva en esta ciudad? Porque ustedes están muertos. ¿Y qué espera puede convertirse en esperanza si están todos muertos? ¿Y cuándo vendrá lo que esperamos? ¿Cuándo dejaremos de huir? ¿Cuándo ocurrirá todo esto? ¿Cuándo? ¿Dónde? ¿Cómo? ¿Cuánto? ¿Por qué? ¿Para quién?

com tudo. E não ter podido falar por todos aqueles que esqueceram o canto.

IV

Alguma vez, talvez, encontraremos refúgio na realidade verdadeira. Enquanto isso, posso dizer até que ponto sou contra?

Te falo da solidão mortal. Há cólera no destino porque o lobo cinza, entre areais e pedras, se aproxima. E agora? Porque romperá todas as portas, porque arrastará para fora os mortos para que devorem os vivos, para que só haja mortos e os vivos desapareçam. Não tenhas medo do lobo cinza. Eu o nomeei para comprovar que existe e porque há uma voluptuosidade inadjetivável no fato de comprovar.

As palavras teriam podido me salvar, mas estou vivente demais. Não, não quero cantar morte. Minha morte... o lobo cinza... a exterminadora que vem de longe... Não há uma alma viva nesta cidade? Porque vocês estão mortos. E que espera pode se converter em esperança se estão todos mortos? E quando virá o que esperamos? Quando deixaremos de fugir? Quando ocorrerá tudo isto? Quando? Onde? Como? Quanto? Por quê? Para quem?

POSFÁCIO DO TRADUTOR

Alejandra Pizarnik:
ou o naufrágio inconcluso da linguagem

por **Davis Diniz**

Vida de tu sombra ¿qué quieres?
Un transcurrir de fiesta delirante, un lenguaje sin límites,
un naufragio en tus propias aguas, oh avara.
"Extracción de la piedra de locura"

Impuro diálogo
Un proyectarse desesperado de la materia verbal
Liberada de sí misma
Naufragando en sí misma
"El infierno musical"

Extração da pedra da loucura (1968) e *O inferno musical* (1971) são os dois últimos livros publicados ainda em vida por Alejandra Pizarnik. Tornaram-se obras testamentárias. Foram editadas consecutivamente às publicações de *Árvore de Diana* (1962) e *Os trabalhos e as noites* (1965), livros recentemente trazidos ao Brasil também pela Relicário Edições. Há uma chamativa singularidade entre tais pares bibliográficos que apresentamos agora: a linguagem abandona a sobredeterminação da condensação sintática (hipotaxe) para acolher um princípio de justaposição subordinativa (parataxe). Em suma: o estilo pizarnikiano dilata a versificação a caminho de uma fraseologia excessiva até então nada usual dentro de seus registros poéticos. São inúmeros os exemplos e por isso não vou repassá-los um por um. Mas basta levarmos em consideração a mancha tipográfica de *Extração da pedra da loucura* e *O inferno musical*, em vista dos quatro livros anteriores de nossa poeta, para que se assimile concretamente o que entra aqui em discussão.

Essa mistura tardia de estilos é algo que nos intriga diante da obra poética de Alejandra Pizarnik. Como interpretar a virada estilística em uma assinatura autoral que havia feito do silêncio a "única tentación y la más alta promesa"? O que dizer da expansão sintática despontando em meio a uma obra no mais das vezes orgulhosa de construir poemas cada vez "más breves" e simpática a uma estética do vazio?

Uma possibilidade de resposta à questão encontra-se na emergência de um elemento não tematizado nos livros anteriores (a não ser com raríssimas aparições) e que, no entanto, se tornaria recorrente na última fase poética: o rio, a água.[1]

---

1 Nos livros anteriores a 1968, o procedimento construtivo da fraseologia paratática ocorre apenas em três poemas do primeiro livro de Pizarnik, *La tierra más ajena* (1955): "Dédalus Joyce", "Puerto adelante" e "En el pantanillo". Marque-se sobretudo que é o elemento água (ou

A construção do poema pizarnikiano por meio da parataxe nada mais é do que um signo para o caudal sintático: o novo estilo tende mais fortemente a nos arrastar para dentro de si, convidando à outra margem sem oferecer garantias na travessia. Por trás das imagens do rio – ora vida, ora morte – e da água – ora pré-natal, ora violenta – encena-se o fluxo da "linguagem sem limites" pretendida para a fase conclusiva. Trata-se do que Pizarnik denominou "impuro diálogo": uma projeção deliberada da matéria verbal, liberando a linguagem a si mesma no encalço de um naufrágio que deseja se inscrever a cada nova página.

É oportuno lembrar – para iniciarmos a interpelação da mescla de estilos – algo que Pizarnik anotou em seu *Diario* no dia primeiro de fevereiro de 1958: "¿por qué me gusta leer la poesía luminosa, clara, y casi execro de la oscura, hermética, cuando yo participo – en mi quehacer poetico – de ambas?" (p. 217). O dilema da escritora inquire a leitora (que afirma escrever dentro de ambos os registros). E nada poderia ser mais sugestivo que a justaposição do claro–escuro. Toda a obra pizarnikiana está armada a partir dessa tensão. Mas são os livros finais que revelam com força maior tal dialogismo.

Uma anotação feita por Alejandra Pizarnik em *Los signos en rotación* (1965), livro ensaístico de Octavio

---

algo derivado de seu campo semântico) a determinar a construção subordinativa desses textos: "río profundo de brillantes escupidas", em "Dédalus Joyce"; o "puerto que se veía tan seguido..." ou o "melancólico corazón del mar", em "Puerto adelante"; e, por fim, a "água cobriza" e a "cascada reverdea[nte]" no poema "En el pantanillo".

Paz e cujo exemplar nossa autora manteve em sua biblioteca pessoal, não é menos eloquente quanto à concepção de mistura estilística. Ela anota nas margens do texto de Paz:

> *La verdadera vida no se opone ni a la vida cotidiana ni a la heroica,* es la percepción del relampagueo de la otredad en calquier de nuestros actos, sin excluir a lo más nímios. (Pizarnik *apud* Daniel Link, 2011, grifo nosso)

A imagem do lampejo (ecoando em Pizarnik uma formulação benjaminiana muito conhecida) como ato de percepção do todo, instante fugaz em que trevas e clarão se unem para revelar a iminência de algo que poderá ser uma tragédia ou, então, uma redenção, sobrepondo à forma de vida heroica uma forma de vida cotidiana, é mais uma pista para nós que desejamos assimilar a fusão dos estilos na obra pizarnikiana – e, sobretudo, por que razão tudo isso foi radicalizado na fase final.

Quando Pizarnik escrevia sua obra, bem como as anotações de leituras, o problema da confusão de estilos encontrava-se bem mapeado nos estudos literários. Erich Auerbach, por exemplo, havia publicado *Mimesis* (1946), obra monumental em que o leitor acompanha o processo histórico por meio do qual a regra clássica para a separação estilística perdeu gradualmente sua vigência restritiva. Pizarnik, estudante de letras e frequentadora que era de cursos oferecidos no Instituto de Filologia da Universidade de Buenos

Aires, certamente não ignorava a questão sistematizada pelo filólogo alemão; algo que ela anotou à sua maneira nas margens do livro de Octavio Paz.[2]

A pesquisa de *Mimesis* havia exposto que até o surgimento do cristianismo, quando a história universal veio a ser contada de uma perspectiva plebeia, a antiguidade clássica predicava que o *sermo gravis ou sublimis* (a escrita clara, eruditamente depurada) deveria servir aos gêneros elevados (o épico, o lírico), enquanto o *sermo remissus*, ou *humilis* (a escrita trivial, pouco ou nada coordenada pela erudição), atendia aos gêneros baixos (a comédia, a paródia etc.). A regra clássica, abalada pelo cristianismo, decaiu a partir do livro *Confissões*, de Santo Agostinho, no século IV, e, sobretudo, a partir do século XIV, quando na *Divina Comédia* aparecem as personagens de Farinata e Cavalcante (décimo canto do "Inferno") interpelando Dante a propósito dos sons toscanos presentes em sua fala ao passar pelo inframundo e, logo, na construção plurilinguística do poema que marcou a transposição irreversível da divisão elaborada pelos antigos. Daí decorreria que, séculos mais tarde, nas iminências do realismo moderno consolidado na França a partir de Stendhal, Balzac, Flaubert, entre outros, não mais haveria razões para a separação dos estilos na história da evolução dos gêneros poéticos

---

[2] A primeira tradução de *Mimesis* para a língua castelhana, a cargo de I. Villanueva e E. Imaz, foi publicada no México, ainda em 1950, pela editora do Fondo de Cultura Económica. Dada a circulação efetiva do livro no mundo hispano-americano, a recepção de Auerbach no circuito universitário argentino aconteceria de forma imediata.

após a Revolução Francesa. Então a conformação do realismo moderno faria água da regra dos antigos, que havia retornado temporariamente com o classicismo após a Renascença. Auerbach havia aberto dessa maneira uma perspectiva inovadora: a representação mimética do realismo na literatura ocidental deveria ser buscada não exclusivamente nos objetos de representação disso que chamamos realidade, e sim na operação que afeta os códigos de representação, ou seja, na língua empregada na representação da realidade histórica. Assim, a literatura tanto mais teria se tornado uma expressão moderna quanto mais se aproximou do mundo, da vida, por meio da linguagem.

No caso da obra pizarnikiana, a sobreposição estilística também passaria a funcionar como procedimento de modernização poética. Lemos no poema "Extracción de la piedra de locura": "No hay por donde respirar y tú hablas del soplo de los dioses" (p. 92).[3] A condição moderna do poema não significará em Pizarnik senão o que resta da criação a partir do conflito entre a busca pelo inteligível, a precisão, o fluido, a ideia de claridade, de um lado, e, de outro, a imposição do fracasso mediante a dimensão obscura que envolve também o projeto elevado: "cada palabra dice lo que dice y además más y otra cosa" (p. 52 de *O inferno musical*). "O silêncio é de ouro", afirma uma passagem do poema "Los poseídos entre lilas" (p. 73

---

[3] Os poemas citados das obras *Extração da pedra da loucura* e *O inferno musical* terão a indicação dos números das páginas de nossas edições.

de *O inferno musical*) ao parafrasear o dito popular, enquanto "de prata é a palavra". Ainda em outro trecho de *Extração da pedra da loucura*: "Escribo con los ojos cerrados, escribo con los ojos abiertos: que se desmorone el muro, que se vuelva río el muro" (p. 106). Este verso está no poema "El sueño de la muerte o el lugar de los cuerpos poéticos". A figuração do rio, da morte que junto a ele canta, tange uma harpa e chama, cristaliza-se sugerindo o fundo fluvial onde o transcurso da vida se conclui ao encontrar o canto da morte. Já o desmoronamento do muro, um muro-dique, a caminho de tornar-se rio, água, passagem, tem algo da "cura do vazio" reivindicada no poema "Continuidad" (p. 64 de *Extração da pedra da loucura*). É música, é morte, também "fala do silêncio" – sendo o silêncio, para a Pizarnik dos quatro primeiros livros, a dimensão da perfeição poética. E nada mais limitante que a perfeição. O rio expõe com isso o conflito diante do fluxo do tempo, condição inalienável da escrita, e, simultaneamente, representa uma densidade verbal em que a linguagem naufraga para renascer a partir da outra margem.

Essa mesma perseguição pela fluência órfica entre o eterno e o transitório orienta a opção musical de Pizarnik. Em "La música y el silencio", texto reunido na *Prosa completa*, está a seguinte definição: "Los sonidos de la música pueden acabar con los duros bordes de las cosas. Gracias a ella algo empieza a fluir y el que la compone (y también el que la oye) *se vuelve capitán de un RÍO...*" (p. 208). Mais uma vez, a música, feito o rio, feito a água, é um símile da fluidez: ela pode "acabar com as duras fronteiras das coisas". Por trás da evocação da música está também o vislumbre do inconstante que leva a poeta a buscar em tal atmosfera uma suposta pátria (mas apenas porque a música equivale ao rio, isto é, à eliminação das duras fronteiras): "Yo quería entrar en el teclado para entrar adentro de la música para tener una patria" (Pizarnik, 2010, p. 313).

Quanto à questão do desterro pizarnikiano, e penso aqui mais na obra que na biografia, é reveladora a referência feita por nossa autora ao ensaio "Los escritores argentinos y la tradición", texto estrategicamente inserido por Jorge Luis Borges no final do livro *Discusión* (1932), mas originalmente proferido como palestra em 1951 no Colegio Libre de Estudios Superiores de Buenos Aires (cf. Balderston, 2013). O trecho citado por Pizarnik, conforme a entrevista para o jornal cordobês *El Pueblo* (17 de abril de 1967), compilada na *Prosa completa*, é algo bem conhecido na obra borgeana: estipula "el universo" como patrimônio cultural para os escritores argentinos. Essa reflexão trazia consigo um contexto sub-reptício: Borges (e isso explica a camuflagem das datas) começava ali a denegar sua primeira fase poética, momento em que havia acolhido alegorias nacionais, como a poesia gauchesca e os mitos de fundação argentina, temas disputados pelas vanguardas portenhas nos anos 1920 e, a fins da década de 1940, cooptados pela política populista do peronismo em ascensão. Daí a perspectiva universalizante emergir a despeito do nacionalismo. Pizarnik, quanto à sua identificação argentina, atua exatamente à maneira da revisão tardia de Borges. Ou seja, recua de toda alegoria nacional, embora ela desejasse a sobreposição dos estilos. Por isso, busca a pátria na música, uma pátria que seja metamorfose, e não definição de fronteiras.

Mas voltemos ao ponto de onde partíamos. As datas de publicação de *Extração da pedra da loucura* (1968) e *O inferno musical* (1971) são coetâneas do momento em que Pizarnik escrevia "La Bucanera de Pernambuco o Hilda la polígrafa", texto trabalhado por volta de 1969-70 e mais tarde inserido na seção "II. Humor" da *Prosa completa*. São dessa mesma época outros dois textos fundamentais para entendermos a inflexão no estilo pizarnikiano: "Textos de Sombra", escritos entre 1971 e 1972,[4] e "Sala de psicopatología", escrito durante a última estadia de Pizarnik no Hospital Pirovano.[5]

Essa tríade textual opera uma revolução no processo criativo de Alejandra Pizarnik, e conforma a linguagem que emergiu após a poesia afundar-se no rio verbal. Embora surjam postumamente, os textos referidos foram trabalhados durante o período de

---

[4] O livro *Textos de Sombra y otros poemas* foi publicado em 1982; posteriormente, a série "Textos de Sombra" passaria à parte final de *Poesía completa* de Alejandra Pizarnik. "La Bucanera de Pernambuco" também apareceu primeiramente em *Textos de Sombra y otros poemas* (1982), e só mais tarde veio integrar a *Prosa completa*. Esse rearranjo editorial, deslocando tais textos entre as edições da *Prosa completa* e da *Poesía completa*, é sintomático da estrutura inqualificável que a construção textual ali apresenta.

[5] Também inserido no livro póstumo *Textos de Sombra y otros poemas*, antes de mais tarde ser igualmente inserido na parte final de *Poesía completa*.

preparo e publicação dos livros *Extração da pedra da loucura* (1968) e *O inferno musical* (1971). Pertencem, portanto, à fase final da escrita de nossa autora. E são textos revolucionários por dois motivos específicos: deram a emergir o humor e, com ele, o experimentalismo linguístico arraigado em temas prosaicos. Ambas as características eram inconcebíveis dentro da obra poética que Pizarnik publicou em vida. Uma austeridade de ordem linguística e cognitiva até então parecia blindar o texto pizarnikiano frente a tais princípios. Nada, ali, ria ou sequer sugeria o riso; tampouco existiam elaborados jogos linguísticos, embora a figura de Alice, de Lewis Carroll, surja como uma constante pizarnikiana a propósito do tópos do espelho e da menina que o atravessa.

Contudo, em "La Bucanera de Pernambuco..." Alejandra Pizarnik se faz explícita caudatária do humor e de construtos linguísticos característicos de Carroll. Mas não só dele. Nossa autora, pela mesma época, ou seja, na virada dos anos 1960 para 1970, escreveu uma série de resenhas, quase todas publicadas na revista *SUR*, conforme se pode consultar a partir da seção "IV. Artículos y ensayos" da *Prosa completa*. Há entre tais resenhas dois textos voltados para a interpretação do humor em Cortázar (quando comenta *Histórias de cronópios e de famas*) e em Borges e Bioy Casares (comentando o livro escrito a quatro mãos sob o pseudônimo de H. Bustos Domecq, *Seis problemas para Dom Isidro Parodi*). Também aparece em *SUR* o texto "Sabios y poetas" (resenha de *El gato de Cheshire*, de E. Anderson Imbert), breve exegese do humor moderno em que aparece a seguinte tentativa de sistematização por parte de Pizarnik:

> *lo propio del humor es corroer el mundo o, más precisamente, abolir sus estructuras rígidas*, su estabilidad, su pesantez.
>
> Expresado por los más altos escritores, el humor moderno es, siempre, metafísico y poético. Acaso, sin proponérselo, admite que le confíen una misión no menos penosa que privilegiada: *determinar la distancia que nos separa de la realidad*. En este sentido, pero nada más que en este, *es realista*, ya que ahonda, y hasta las últimas consecuencias, la noción de lo absurdo. (Pizarnik, 2010, p. 259, grifo nosso)

Determinar a distância que nos separa da realidade... porque o humor aprofunda a noção de absurdo; e assim pretende abolir as estruturas rígidas do mundo. Eis a definição do humor moderno segundo nossa poeta.

Não se dirá nenhuma novidade ao sugerir que os escritores estão falando também de si quando falam de outros autores; afinal, assim são construídos os precursores. Talvez a partir de agora nos seja possível aventar a seguinte hipótese: Pizarnik, no contexto final de sua produção, recorreu ao humor também como prática de um procedimento poético capaz de mensurar a distância que separava sua obra da realidade, a partir disso procurando, no sentido delimitado por ela mesma, uma dimensão realista capaz de agudizar o efeito de absurdo com que tem de lidar aquele que trabalha dentro da linguagem. Essa mediação, pelo que vimos quanto à reivindicação do preceito exposto no ensaio borgeano, não poderia jamais se dar, em Pizarnik, por meio da alegoria pátria, considerando-se uma poeta que não raras vezes definiu-se sem "espessura de linguagem nacional" ou mesmo uma "imigrante de si". O humor, gênero rebaixado segundo a regra clássica dos estilos, colocaria o processo criativo pizarnikiano a caminho de algo inusitado dentro de seus domínios poéticos: uma estratégica abertura poética no corpo da linguagem capaz de assimilar e processar os acontecimentos do mundo.

Há nos textos de tal período bem mais que uma única evocação à fortuna de uma "nova escrita", uma "escrita sem limites", conforme apontei desde a epígrafe, ou, ainda, uma "nova voz". Em "Endechas" ("Litanias", na tradução de *O inferno musical*), lemos: "Ella se prueba en su *nuevo lenguaje* e indaga el peso del muerto en la balanza de su corazón" (p. 62). Ou ainda em um poema sem título, com data de maio de 1972, inserido na parte final da *Poesía completa* (p. 436): "Que me dejen con mi *voz nueva, desconocida*".

Aonde levaria a "nova voz" incaracterística de Pizarnik? A materialidade dos textos que interpelamos deixará supor que a nova linguagem conduziria à radicalização da mistura de estilos presente nos livros *Extração da pedra da loucura* e *O inferno musical*. A composição paratática a partir dali passou a ser predominante, conforme acontecia aos textos humorísticos "La Bucanera de Pernambuco...", "Textos de

Sombra" e "Sala de psicopatología"; e, desse modo, tenderia a um tipo de escrita mais porosa à percepção do cotidiano.[6]

"La Bucanera de Pernambuco..." é um dos experimentos mais desopilantes (vide formulações como "Empédocles en pedo" e "Heraclítoris" etc.) da literatura argentina e latino-americana. Deixo para que os leitores e as leitoras verifiquem por si a vastidão do anarquismo linguístico configurada nesse texto que está também em vias de publicação pela Relicário Edições, com a tradução de Nina Rizzi e Paloma Vidal para a *Prosa completa* de Pizarnik. E reponho aqui apenas alguns exemplos de "Texto de Sombra" e "Sala de psicopatología" para tentarmos verificar a derruição do mundo, da vida, e a mediação com a realidade que Alejandra Pizarnik via no procedimento humorístico.

Antes de qualquer coisa, é bom marcar que em "Texto de Sombra" e "Sala de psicopatología" salta à vista a substituição do "tuteo" (o pronome *tú* é predominante em toda a obra poética de nossa autora) pelo "voseo" típico do espanhol rio-platense. (Em "La

---

[6] Não se deve ignorar o fato de estarmos falando de textos escritos sob o signo da desobediência civil do mês de maio 1968 e, também, influenciados pela rentabilidade poética trazida anos antes pela OuLiPo quanto ao enfrentamento anárquico da linguagem literária. A francofilia de Pizarnik é bem conhecida; está exposta ao longo de toda sua obra e biografia. E, ainda que ela estivesse reduzida aos limites de seu país de origem, a revolta popular do "Cordobazo" sacudiu as instituições argentinas naquele maio de 1968. Humor e rebeldia civil poucas vezes andaram tão atrelados mundo afora, conforme registros de pixos com as emblemáticas frases "É proibido proibir", "Sobre os paralelepípedos, a praia", "A imaginação no poder", "Jovem, aqui está sua cédula para votar" (e, logo abaixo desta frase, a imagem de paralelepípedo).

Bucanera de Pernambuco..." os argentinismos são radicalizados, acolhendo-se lunfardos como "mina" e reiterações da interjeição "che", além de inúmeros jogos linguísticos a partir da sobreposição de jargões populares e expressões eruditas-profanadas muito similares ao que sincronicamente Paulo Leminski estava elaborando na literatura brasileira com a composição narcótica, de safra também pernambucana, trazida com o livro *Catatau* [1975]). Para derrubar o mundo, tal como ele está erigido no cotidiano da poeta, a linguagem precisa tornar-se também pedestre. Não oral, muito menos popular, e sim deliberadamente profanadora. É justo aí onde deságua a mistura de estilos que passa a despontar no texto de Pizarnik que chamei há pouco de obras testamentárias.

A personagem Sombra é enigmática, *exquisita*, porém algo nela quer expor uma espessura argentina, a começar pela linguagem que abandona o "tú" pelo "vos". O empenho em descrever o ambiente em que Sombra circula é muito distinto dos cenários pseudossurrealistas dos livros de poesia publicados em vida, onde tudo é bosque, jardim encantado ou assombrado, rio, gaiola, casa de bonecas, espelhos sem fundo etc. Sombra, não obstante se apresente como uma figura penumbrosa, é uma personagem que trabalha e, conforme lemos em "Escrito cuando Sombra", sabemos exatamente onde ela exerce a vida prática: "Estaba trabajando en su despacho. Sin desearlo, escuchaba a la gente que pasaba golpeándose el pecho con las manos y las piedras del pavimiento con los pies para entrar en calor" (p. 406). Há inclusive um diálogo em que Sombra parece denegar sua dimensão fantasmagórica: "– *No hay que jugar al espectro porque se llega a serlo. –* ¿Sos real?" (p. 402).

Exemplos de um entorno literário descrito de maneira detalhista, terrestre, conforme ocorre aos textos humorísticos de Pizarnik, passam a surgir inclusive nos escritos estritamente poéticos. No poema "Los poseídos entre lilas", inserido em *O inferno musical* (p. 69), é descrita uma cena trivial (apesar de entrecruzada por uma atmosfera etérea) vista a partir de um café cuja janela dá para uma indeterminada rua:

– Un café lleno de sillas vacías, iluminado hasta la exasperación, la noche en forma de ausencia, el cielo como de una materia deteriorada, gotas de agua en una ventana, pasa alguien que no vi nunca, que no veré jamás.

– ¿Qué hice del don de la mirada?

– Una lámpara demasiado intensa, una puerta abierta, alguien fuma en la sombra, el tronco y el follaje de un árbol, un perro se arrastra, una pareja de enamorados se pasea despacio bajo la lluvia, un diario en una zanja, un niño silbando...

"Um jornal em uma vala", nada mais rebaixado e mundano que esta imagem final; e ela de algum modo nos remonta ao poema "23", de *Árvore de Diana*

(1962), síntese que me parece ser a melhor extração da poesia de Alejandra Pizarnik: "una mirada desde la alcantarrilla / puede ser una visión del mundo" (2018, p. 60).

"Sala de psicopatología", por sua vez, prossegue na tentativa de derrubar o império do feérico, reduzindo o ambiente do maravilhoso, e chega inclusive a promover uma crítica bem definida aos métodos clínicos praticados no Hospital Pirovano. Faz ainda mais: assimila deliberadamente as alegorias do curso da história contemporânea. Tudo começa com a enumeração das estadias de Pizarnik nos Estados Unidos e na Europa. Logo recorre-se a uma série de ironias destinadas a Freud e citações de Nietzsche, Strindberg, Éluard e Einstein. Há jogos de linguagem, por exemplo, entre "Reich" e "Reik" (ressituados em "La Bucanera de Pernambuco..."). Adiante, sempre descrevendo apetites sexuais, a voz textual faz um gracejo com o pai do historicismo idealista: "A veces – casi siempre – estoy húmeda. Soy una perra, apesar de Hegel" (p. 403). E por fim anota preceitos materialistas: "«Cambiar la vida» (Marx)" e "«Cambiar el hombre» (Rimbaud)" (p. 415). Kierkegaard, Lichtenberg, Dostoiévski e Kafka também se somam à lista intertextual que ali prolifera.

A partir desses textos, nos quais a linguagem se expande em vez de contrair-se, a escrita pizarnikiana, tendo anunciado sua nova voz, parece aceitar o recurso exponencial da língua rio-platense em vez do silêncio desejado em sinonímia com a perfeição poética. No poema "L'obscurité des eaux" ("A escuridão das águas",

O inferno musical, p. 56): "Escucho resonar el agua que cae en mi sueño. Las palabras caen como el agua yo caigo. Dibujo en mis ojos la forma de mis ojos, nado en mis aguas, me digo en mis silencios. *Toda la noche espero que mi lenguaje logre configurarme*". E mais adiante, novamente em "Endechas" (p. 62): "Era preciso decir acerca del agua o simplemente apenas nombrarla, de modo de *atraerse la palabra agua para que apague las llamas del silencio*".

"¿Qué hubo en el fondo del río?" (cf. o poema "El sueño de la muerte o el lugar de los cuerpos poéticos", p. 100 de *Extração da pedra da loucura*) a ponto de fazer com que o silêncio, dimensão pré-verbal outrora equivalente à perfeição na poesia pizarnikiana, passasse a ser uma condição poética denegada na fase final? A resposta está na sequência do texto citado: o rio desponta ali como um "escenario de cenizas donde representé mi nacimiento". E tudo o que nasce (ou renasce) deseja falar. De modo que, para Pizarnik, a representação do nascimento, apesar de ser "un acto lúgubre", desperta o humor que corrói "los bordes reales de mi cuerpo" (p. 102). Indissociável de sua definição heraclitiana, o rio é também em Pizarnik, conforme ela mesma define, "camino de las metamorfosis": "Un *mundo subterráneo de criaturas de formas no acabadas*, un *lugar de gestación*" (p. 102) a partir do qual a realidade vai irromper restaurando a linguagem que não pôde ser afogada.

Tudo isso quer indicar, conforme tentei expor com os exemplos acima, o surgimento de uma nova percepção poética da realidade. E o humor passa a atuar como uma determinante para tais fins. É ele que vai conduzir com efetividade à "miserable mixtura" (cf. o poema "Extracción de la piedra de locura", p. 82) dos estilos elevado e rebaixado, deixando indícios na poesia dos livros testamentários. A estética verbal da última fase de Alejandra Pizarnik teria passado, assim, a elaborar uma outra sorte de mediação com a realidade após ter saturado os recursos de condensação da linguagem em seu flerte com o silêncio (que só inconscientemente nomeava o real). Em poucas palavras: humor e parataxe passariam a operar a transposição elocutória possível entre o eu-autoral e os eventos do mundo representado no poema.

Não se trata de ler na hipótese sugerida a aparição de uma poesia em processo de politização programática. Pizarnik esconjurou uma prática em sentido tão específico: "Un poema político, por ejemplo, no sólo es un mal poema sino una mala política" (cf. *Prosas completas*, p. 308). Mas a poesia, especialmente aquela que interpela a partir da sarjeta uma visão de mundo, arma suas profecias. A própria Pizarnik – que aliás colocou Tirésias flutuando sobre o rio no poema "Piedra fundamental" (*O inferno musical*, p. 18) ao falar de seu corpo poético à maneira do "terreno baldío" de T. S. Eliot – reconhecia a condição mediúnica do poeta em "Apuntes para un reportaje" (cf. *Prosa completa*, p. 304): "El poeta trae nuevas de la otra orilla. Es el emisario o depositario de lo vedado puesto que induce a ciertas confrontaciones con las maravillas del mundo pero también con la locura y la muerte".

Apenas dois anos após o falecimento de Pizarnik, ocorrido em 25 de setembro de 1972, José López Rega, chefe da Polícia Federal e fundador do grupo de extermínio "Triple A" (Alianza Anticomunista Argentina), pronunciaria no Natal de 1974 o seguinte *slogan* de assombrosa extração pizarnikiana: "El silencio es salud". Essa formulação cunharia o lema fascista que gradualmente consolidaria a chegada da última ditadura civil-militar argentina em 24 de março de 1976. Frente à tétrica sincronia, algo no amálgama de estilos da última fase da obra pizarnikiana pareceu pressentir mediante a linguagem exponencial (e nela preparar campo para o combate que viria com o "neobarroco" de Néstor Perlongher e Osvaldo Lamborghini) a emergência de um autoritarismo que faria da imposição do silêncio sua alegoria persecutória para dar início à censura e ao assassinato intelectual, artístico e operário a partir da instauração de um Estado terrorista.

Pizarnik partiu antes da consolidação do fascismo imposto pela via do silenciamento, da morte e da castração dos desejos homossexuais, temas reiterados em sua obra. Mas, vivendo dentro do campo mórfico de gradual fechamento democrático, ela certamente vinha assimilando os rumos da sociedade dentro da qual produzia a fase final de sua obra. Talvez isso nos explique algo a mais sobre a inflexão na concepção de linguagem pizarnikiana. A imagem da água queimando as chamas do silêncio, conforme repus acima, soa como um alerta vindo "da outra margem". É de uma eloquência profética, levando em consideração a ameaça necropolítica das ditaduras vigentes nos anos 1970, o que se lê justo na sequência final de *O inferno musical* (obra derradeira de nossa autora, p. 76):

> ¿No hay un alma viva en esta ciudad? Porque ustedes están muertos. ¿Y qué espera puede convertirse en esperanza si están todos muertos? ¿Y cuándo vendrá lo que esperamos? ¿Cuándo dejaremos de huir? ¿Cuándo ocurrirá todo esto? ¿Cuándo? ¿Dónde? ¿Cómo? ¿Cuánto? Por qué? Para quién?

Extração da pedra da loucura (1968) e *O inferno musical* (1971), não cabe dúvida, surgiram como textos reveladores da amplitude do procedimento poético de Alejandra Pizarnik. Trouxeram, além de uma conclusão para a concepção poética precedente, um novo entendimento da linguagem final de nossa poeta e, tanto ou talvez mais importante, uma abertura para novos caminhos experimentais dentro da literatura argentina contemporânea (basta considerar, para além dos já citados Perlongher e Lamborghini quanto ao despontar da estética neobarroca rio-platense, a erudição corrosiva da poesia humorística que apareceu mais tarde com Susana Thénon, possivelmente a poeta argentina mais interessante desde Pizarnik).

Não devemos exigir de uma obra literária aquilo que nela não está ou simplesmente não cobrou tempo para uma elaboração definitiva. Mas diante da morte trágica e precoce de Pizarnik queremos a todo tempo nos perguntar o seguinte: aonde mais levaria a nova linguagem que apenas havia acabado de alcançar o pleno domínio dos estilos poéticos, a elaboração teórica do texto de crítica literária e, sobretudo, a prática de um experimentalismo linguístico dos mais rigorosos em seu processo de dilatação para a vida cotidiana?

Para nossa imaginação especulativa talvez seja suficiente considerar o que está dito no poema "Contemplación" (*Extração da pedra da loucura*, p. 139): "Murieron las formas despavoridas y no hubo más un afuera y un adentro. [...] Colores enemigos se unen en la tragedia".

Ora melancólica em seus contínuos pesadelos feéricos, ora corrosiva em sua verve humorística que soube desafiar o mundo que nos contorna, impecável em qualquer dessas dimensões quanto ao rigor da elaboração literária, a obra de Alejandra Pizarnik permanece entre nós decantando seu diálogo impuro e derrubando muros. E aqui por fim (2011, p. 345):

EN HONOR DE UNA PÉRDIDA
Alejandra Pizarnik

La para siempre seguridad de estar de más en el lugar en donde los otros respiran. *De mí debo decir que estoy impaciente porque se me dé un deselance menos trágico que el silencio.* Feroz alegría cuando encuentro una imagen que me alude. Desde mi respiración desoladora yo digo: *que haya lenguaje en donde tiene que haber silencio.*

Referências

AUERBACH, Erich. *Mimesis. A representação da realidade na literatura ocidental*. Tradução de George Bernard. Apresentação de Manuel da Costa Pinto. Introdução de Edward Said. São Paulo: Perspectiva, 2021.

BALDERSTON, Daniel. "Detalles circunstanciales: sobre dos borradores de 'El escritor argentino y la tradición'". *In.*: Revista *LA BIBLIOTECA*. N° 13, "Cuestión Borges, Primavera de 2013, pp. 32-45.

LINK, Daniel. "Lecturas de Pizarnik". *In.*: ANTELO, Raúl; REALES, Liliana (orgs.). *Argentina (texto tempo movimento)*. Florianopólis: Letras Contemporâneas, 2011, pp. 237-250.

PIZARNIK, Alejandra. *Prosa completa*. Edición a cargo de Ana Becciú. Buenos Aires: Lumen, 2010.

PIZARNIK, Alejandra. *Poesía completa*. Edición a cargo de Ana Becciú. Buenos Aires: Lumen, 2011.

PIZARNIK, Alejandra. *Diarios*. Edición a cargo de Ana Becciú. Buenos Aires: Lumen, 2013.

PIZARNIK, Alejandra. *Árvore de Diana*. Trad. Davis Diniz. Belo Horizonte: Relicário, 2018.

PIZARNIK, Alejandra. *Os trabalhos e as noites*. Trad. Davis Diniz. Belo Horizonte: Relicário, 2018.

PIZARNIK, Alejandra. *O inferno musical*. Trad. Davis Diniz. Belo Horizonte: Relicário, 2021.

PIZARNIK, Alejandra. *Extração da pedra da loucura*. Trad. Davis Diniz. Belo Horizonte: Relicário, 2021.

Sumário

1. Figuras del presentimiento | Figuras do pressentimento
Cold in hand blues | Cold in hand blues **16 | 17**
Piedra fundamental | Pedra fundamental **18 | 19**
Ojos primitivos | Olhos primitivos **26 | 27**
El infierno musical | O inferno musical **28 | 29**
El deseo de la palabra | O desejo da palavra **30 | 31**
La palabra del deseo | A palavra do desejo **34 | 35**
Nombres y figuras | Nomes e figuras **36 | 37**

2. Las uniones posibles | As uniões possíveis
En un ejemplar de «Les Chants de Maldoror» | Em um exemplar de «Les chants de Maldoror» **40 | 41**
Signos | Signos **42 | 43**
Fuga en lila | Fuga em lilás **44 | 45**
Del otro lado | Do outro lado **46 | 47**
Lazo mortal | Laço mortal **48 | 49**

3. Figuras de la ausencia | Figuras da ausência
La palabra que sana | A palavra que cura **52 | 53**
Los de lo oculto | O que está oculto **54 | 55**
L'obscurité des eaux | L'obscurité des eaux **56 | 57**
Gesto para un objeto | Gesto para um objeto **58 | 59**
La máscara y el poema | A máscara e o poema **60 | 61**
Endechas | Litanias **62 | 63**
La plena pérdida | A plena perda **66 | 67**

4. Los poseídos entre lilas | Os possuídos entre lilases
I **70 | 71**
II **72 | 73**
III **74 | 75**
IV **76 | 77**

© by Myriam Pizarnik
© Relicário Edições, 2021

Dados internacionais de Catalogação na Publicação (CIP)

P695i
Pizarnik, Alejandra

O inferno musical / Alejandra Pizarnik ; traduzido por Davis Diniz.
– Belo Horizonte: Relicário, 2021.

108 p. ; 13cm x 20,7cm.
Tradução de: El infierno musical

ISBN: 978-65-89889-23-6

1. Literatura argentina. 2. Poesia. I. Diniz, Davis. II. Título.

CDD 868.9932
CDU 821.134.2(82)-1

COORDENAÇÃO EDITORIAL Maíra Nassif Passos
ASSISTENTE EDITORIAL Thiago Landi
TRADUÇÃO Davis Diniz
REVISÃO Maria Fernanda Moreira
REVISÃO TÉCNICA Thiago Landi
PROJETO GRÁFICO & DIAGRAMAÇÃO Ana C. Bahia
FOTOGRAFIA DA CAPA Sara Facio

Edição de referência dos poemas originais:
PIZARNIK, Alejandra. *Poesia completa*. Edición a cargo de Ana Becciú. Buenos Aires: Editorial Lumen, 2011.

Obra editada com o incentivo do Programa "SUR" de apoio às Traduções do Ministério de Relações Exteriores, Comércio Internacional e Culto da República Argentina.

Obra editada en el marco del Programa "Sur" de Apoyo a las Traducciones del Ministerio de Relaciones Exteriores, Comercio Internacional y Culto de la República Argentina.

Programa **Sur**

/re li cá rio/

Rua Machado, 155, casa 1, Colégio Batista | Belo Horizonte, MG, 31110-080
contato@relicarioedicoes.com | www.relicarioedicoes.com
relicarioedicoes   relicario.edicoes

1ª edição [2021]
2ª reimpressão [2025]

Esta obra foi composta em PT Sans Pro, PT Serif Pro
sobre papel Pólen Bold 90 g/m² para a Relicário Edições.